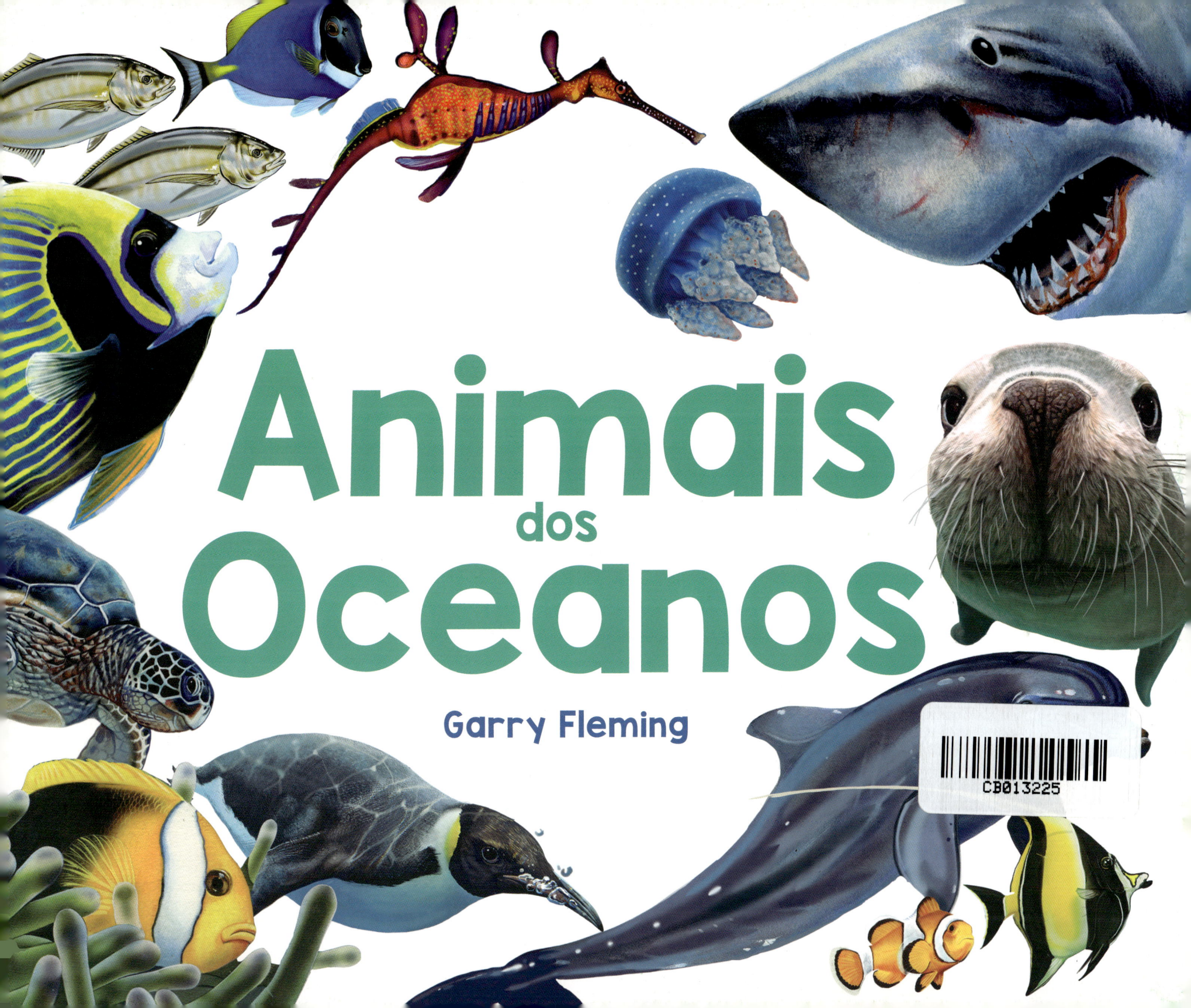

Animais
dos
Oceanos

Garry Fleming

Algumas das criaturas mais incríveis do mundo vivem em nossos oceanos. Existem criaturas tão pequenas que você mal consegue vê-las e criaturas que são maiores do que qualquer outro animal vivo. Algumas são lindas e outras têm uma aparência muito estranha.

Assim como os animais terrestres, diferentes tipos de animais marinhos vivem em diferentes ambientes do oceano. Sabemos muito sobre os animais que vivem em águas mornas, mas não tanto sobre aqueles que vivem no fundo do oceano. Na verdade, os cientistas acreditam que 95% dos oceanos ainda não foram explorados. Logo, ainda não sabemos muito sobre os animais que lá habitam!

As baleias são os maiores animais do planeta, com a baleia-azul chegando até 30 metros de comprimento. Elas podem ser divididas em dois grupos: baleias de barbatanas e baleias dentadas. As baleias de barbatana não têm dentes e apresentam no lugar estruturas chamadas barbatanas, que consistem em placas de tecido epitelial cornificado (feitas de queratina, o mesmo que nossas unhas), suspensas no céu da boca, e servem para filtrar o alimento da água. A baleia-da-Groenlândia e a jubarte são baleias de barbatanas.

Baleias

Diferentemente, as baleias dentadas utilizam seus dentes para agarrar e segurar sua comida. As baleias bicudas são baleias dentadas. Elas têm um focinho alongado e são conhecidas como mergulhadoras de profundidade, atingindo profundidades de mais de 1.000 metros. O cachalote é o maior mamífero com dentes do mundo, enquanto a baleia beluga com dentes é conhecida por sua pele branca pura.

▶ Veja as páginas 30 e 31 para referências de animais.

Baleia-Azul

A baleia-azul é o maior e mais barulhento animal do planeta. Ela mede até 30 metros de comprimento e pesa até 150 toneladas. Na verdade, ela é tão grande que seu coração é do tamanho de um carro e seus vasos sanguíneos são largos o suficiente para você nadar através deles!
A baleia-azul alimenta-se quase inteiramente de minúsculos krills. Ela nada com a boca aberta e depois empurra a água para fora enquanto o krill fica preso nas cerdas das barbatanas. Elas conseguem comer até 40 milhões de krills por dia.

Como as baleias, os golfinhos e os botos são mamíferos, o que significa que eles têm sangue quente e respiram ar. Ambas as espécies são animais altamente inteligentes. Eles parecem muito semelhantes, mas existem algumas diferenças entre eles. Os golfinhos têm dentes pontiagudos e uma barbatana dorsal curva. Os botos são, geralmente, menores, com corpo mais arredondado, dentes em forma de pá e barbatana dorsal triangular.

A orca (ou baleia assassina) e a baleia-piloto são na verdade golfinhos, apesar de seus nomes. A orca é o maior dos golfinhos; orcas macho podem crescer até 10 metros de comprimento. Elas são encontradas em todos os oceanos do mundo, mas com mais frequência em águas mais frias. O maior boto é o boto-de-Dall, enquanto a toninha é o mais comum.

A toninha é muito pequena em comparação com outros botos. Ela vive nos oceanos Atlântico Norte e Pacífico Norte, bem como na costa noroeste da África. Elas são encontradas, principalmente, em áreas costeiras e são conhecidas por nadar em rios. As toninhas são vistas normalmente sozinhas, mas às vezes são vistas em pequenos grupos - geralmente uma mãe e um filhote.

Os golfinhos-nariz-de-garrafa vivem em oceanos e áreas
costeiras em todo o mundo, exceto nas águas frias do Ártico e da Antártida.
Eles são rápidos, atingindo velocidades de até 32 quilômetros por hora e podem mergulhar
até 250 metros abaixo da superfície! Eles vivem em grupos de cerca de 10 a 15, mas sabe-se
que em alto-mar vivem em grupos de centenas de golfinhos.

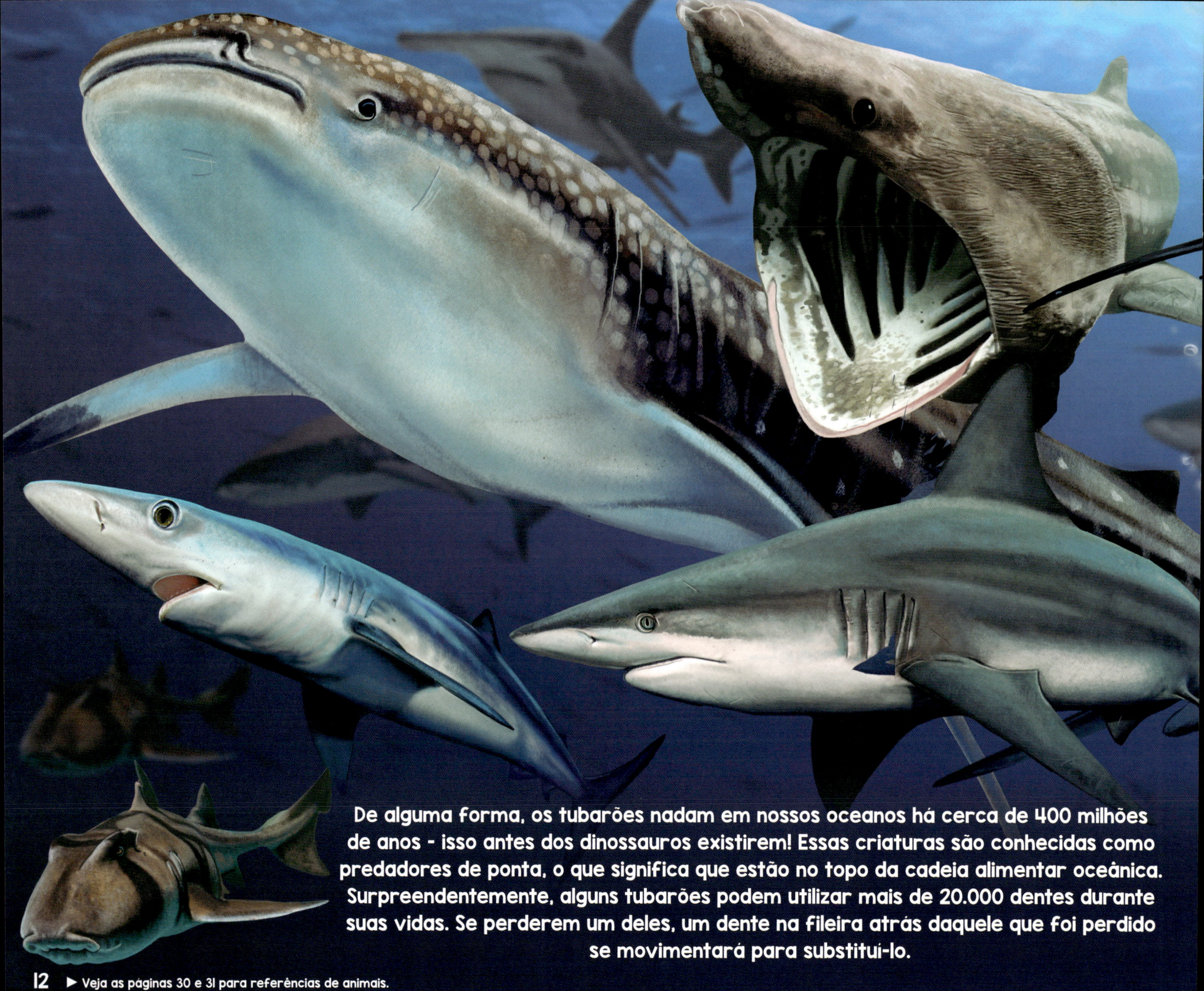

De alguma forma, os tubarões nadam em nossos oceanos há cerca de 400 milhões de anos - isso antes dos dinossauros existirem! Essas criaturas são conhecidas como predadores de ponta, o que significa que estão no topo da cadeia alimentar oceânica. Surpreendentemente, alguns tubarões podem utilizar mais de 20.000 dentes durante suas vidas. Se perderem um deles, um dente na fileira atrás daquele que foi perdido se movimentará para substituí-lo.

Existem mais de 400 tipos de tubarões, variando em comprimento de 15 centímetros a mais de 12 metros. Os tubarões mais perigosos são o tubarão-branco, o tubarão-tigre, o tubarão-martelo, o tubarão-mako e o tubarão-touro. Nem todos os tubarões são perigosos; na verdade, alguns são completamente inofensivos, como o tubarão-baleia (o maior peixe do mundo) e o tubarão-frade, que se alimentam de plâncton (uma criatura minúscula como um camarão).

▶ Veja as páginas 30 e 31 para referências de animais.

Tubarão-Azul

O tubarão-azul é o tubarão mais divulgado no mundo, encontrado em todos os continentes, exceto a Antártida. Ele vive em águas tropicais e temperadas e, embora possa mergulhar até 340 metros de profundidade, também é encontrado perto da superfície da água.

Um tubarão-azul pode dar à luz até 135 filhotes por vez e viver até 20 anos. Seu corpo esguio e liso e longas barbatanas frontais fazem do tubarão-azul um dos mais rápidos do oceano, atingindo velocidades de até 40 km/hora. Os tubarões-azuis podem atingir mais de 3,5 metros de comprimento e pesar mais de 200 kg. As fêmeas adultas são maiores que os machos adultos e sua pele é duas vezes mais grossa.

As criaturas que vivem na parte mais profunda dos oceanos são algumas das criaturas marinhas de aparência mais estranha que você poderá encontrar. Elas vivem milhares de metros abaixo da superfície da água; por exemplo, o tamboril do fundo do mar vive a cerca de 900 metros de profundidade, enquanto o peixe-ogro vive a cerca de 4.900 metros abaixo da superfície! Muitas dessas criaturas vivem tão abaixo da superfície que nenhuma luz chega lá, então elas são "bioluminescentes", o que significa que podem produzir sua própria luz.

Muitas criaturas das profundezas também são surpreendentemente pequenas. O peixe-borboleta cresce até cerca de 10 centímetros e o peixe-dragão, com dentes projetados para fora da boca, tem apenas cerca de 2,5 centímetros de comprimento! Por viverem tão longe, não se sabe muito sobre muitas dessas criaturas. A primeira foto de uma lula gigante foi tirada em 2004 - quase todas as informações que temos sobre elas foram aprendidas a partir dos corpos de lulas gigantes que chegaram à praia.

Mais perto das costas, existem muitas espécies do oceano com as quais podemos estar mais familiarizados. Em águas temperadas, tropicais e subtropicais, você encontrará o dourado (também chamado de mahi-mahi), enquanto o atum-patudo vive em águas mais profundas e frias. Alguns, como o pargo-vermelho e a arraia-jamanta, vivem perto da costa e no oceano. A arraia-jamanta é a maior espécie de arraia, medindo até 7,5 metros de diâmetro.

Alguns dos nadadores mais rápidos do oceano são o atum albacora (mais de 65 Km/hora) e o marlim-preto (até 130 Km/hora). Eles são conhecidos como peixes de "caça", o que significa que são capturados por esporte. O marlim-preto cresce até 4,5 metros de comprimento e pode pesar até 750 quilos.
A cavala viscosa (ou azul) é uma refeição popular para marlim, atum, peixe-rei e pargo e muitas vezes são capturados e utilizados como isca.

Muitas das criaturas que vivem nos recifes do mundo são tão coloridas quanto os próprios recifes de coral. Algumas delas também são facilmente reconhecidas; o falso peixe-palhaço pércula deve ser um dos mais conhecidos como personagem principal do filme "Procurando Nemo". Alguns deles são lindos também, como o ídolo mouro, com suas cores marcantes e o dragão-marinho comum, que se move graciosamente pela água.

A tartaruga-verde deve ter um dos rostos mais simpáticos do recife, embora esteja em perigo devido à caça e à perda de seus locais de nidificação nas praias. Por outro lado, o baiacu é uma criatura a ser evitada. A maioria das espécies de baiacu tem uma toxina poderosa que mata a maioria dos peixes. Quando ameaçado, ele infla para cerca de duas vezes seu tamanho normal ao engolir água.

21

As aves marinhas vivem nas costas e nas vias navegáveis de todos os continentes. Algumas vivem em apenas uma área; o pequeno cormorão-preto, o tímido albatroz e a gaivota-prateada são comuns em toda a Austrália, enquanto no outro lado do mundo, o pelicano-pardo vive principalmente nas costas do Atlântico, Pacífico e Golfo da América do Norte e do Sul. Por outro lado, as águias pesqueiras são encontradas em todo o mundo.

Aves da Beira-Mar

A maioria das aves marinhas se alimenta de criaturas marinhas. As tarambolas comem insetos e pequenos crustáceos, o que ajuda a manter as praias limpas, enquanto necrófagos como o petrel-grande se alimentam de carcaças de focas e pinguins. Muitos deles também mergulham na água para pescar - os gansos-patola do Norte mergulham na água como uma flecha a até 100 Km/hora. A grande fragata voa do ar para pegar peixes-voadores. Elas conseguem ficar no ar por uma semana inteira, até cochilando enquanto voam!

Os crustáceos são artrópodes, o que significa que seus esqueletos ficam fora de seus corpos. Suas partes têm juntas para permitir que se movimentem e, na maioria das vezes, eles têm muitas pernas. Camarões-tigre e caranguejos-nadadores-azuis são crustáceos bem conhecidos, assim como os caranguejos-vermelhos da Ilha Christmas - milhões deles migram das florestas tropicais da Ilha Christmas (1.500 quilômetros a oeste da Austrália) uma vez por ano para o oceano, para procriar e colocar ovos; é um espetáculo incrível.

Existem muitos tipos diferentes de moluscos. A maioria tem conchas, como o nautilus e a ostra rochosa, mas alguns, como os polvos, as estrelas-do-mar azuis e os nudibrânquios, não. As diferentes espécies são muito diversas, mas todas têm três coisas em comum: têm um manto, uma "parede" que cobre seus órgãos; também têm uma rádula, que é semelhante a uma língua em humanos, mas é utilizada para cortar e mastigar alimentos; e têm um sistema nervoso.

Crustáceos & Moluscos

A foca-comum, a foca-monge havaiana e o elefante-marinho-do-sul não têm orelhas externas e se movem sobre o estômago em terra; são focas verdadeiras. Por outro lado, os leões-marinhos e as focas do norte são chamados de "focas orelhudas"; eles têm orelhas externas, andam em terra utilizando as quatro nadadeiras e utilizam as nadadeiras dianteiras para nadar.
Nem todas as focas são amigáveis; a força e os dentes grandes das focas-leopardo as tornam predadoras de muitas criaturas marinhas, incluindo focas-caranguejeiras - elas comem até 80% de seus filhotes!

As lontras-marinhas são as maiores espécies de lontra. Elas vivem no hemisfério norte, ao longo das costas do Alasca e da Califórnia nos EUA e na Rússia. A maioria dos pinguins vive no Hemisfério Sul. Algumas espécies vivem nas regiões frias do mundo; os pinguins-imperador vivem na Antártida e os pinguins-macaroni são encontrados na Península Antártica e nas ilhas subantárticas. Enquanto isso, o pinguim-africano prefere o clima mais quente, vivendo no extremo sul da África.

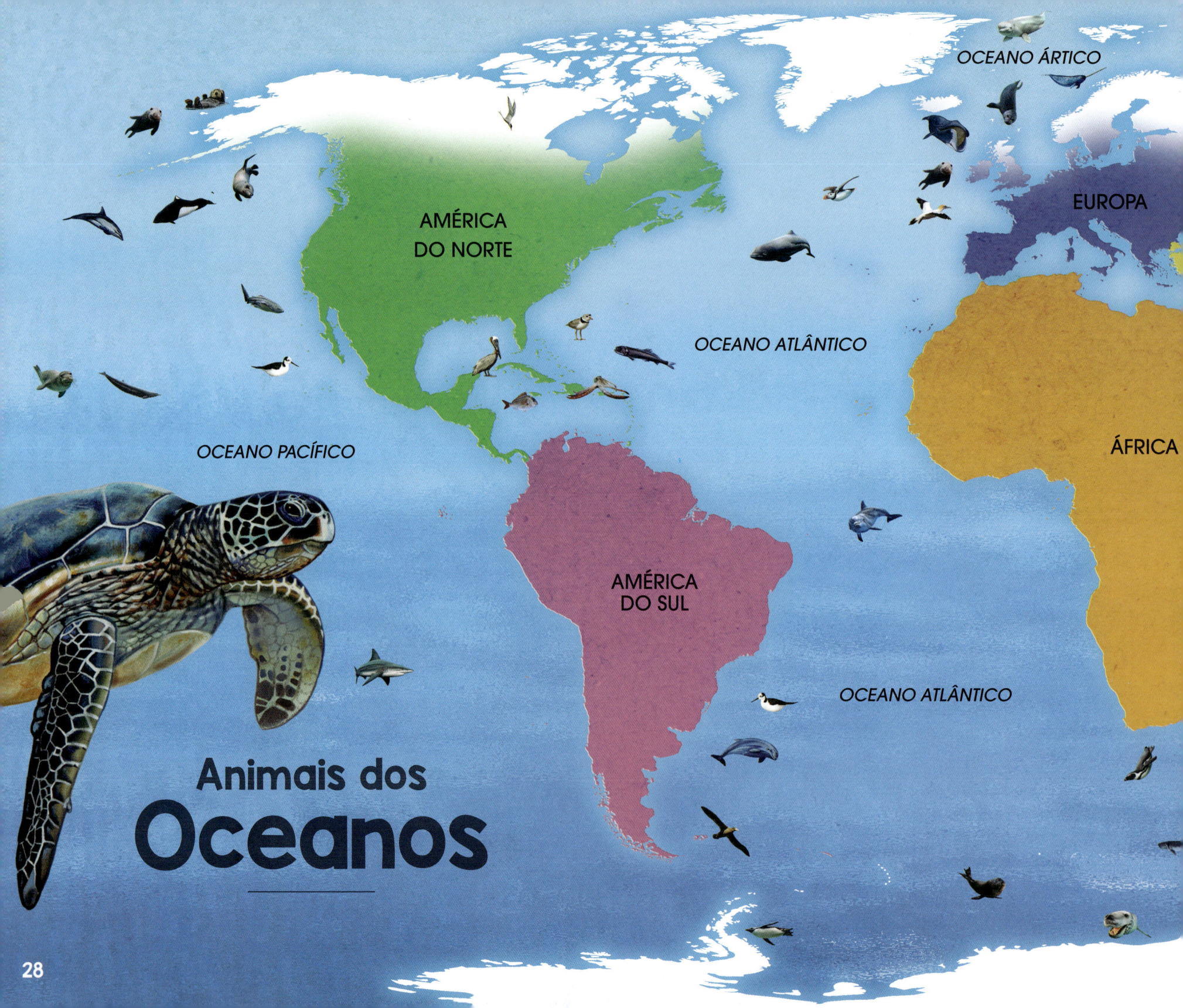

OCEANO ÁRTICO

EUROPA

AMÉRICA DO NORTE

OCEANO ATLÂNTICO

ÁFRICA

OCEANO PACÍFICO

AMÉRICA DO SUL

OCEANO ATLÂNTICO

Animais dos
Oceanos

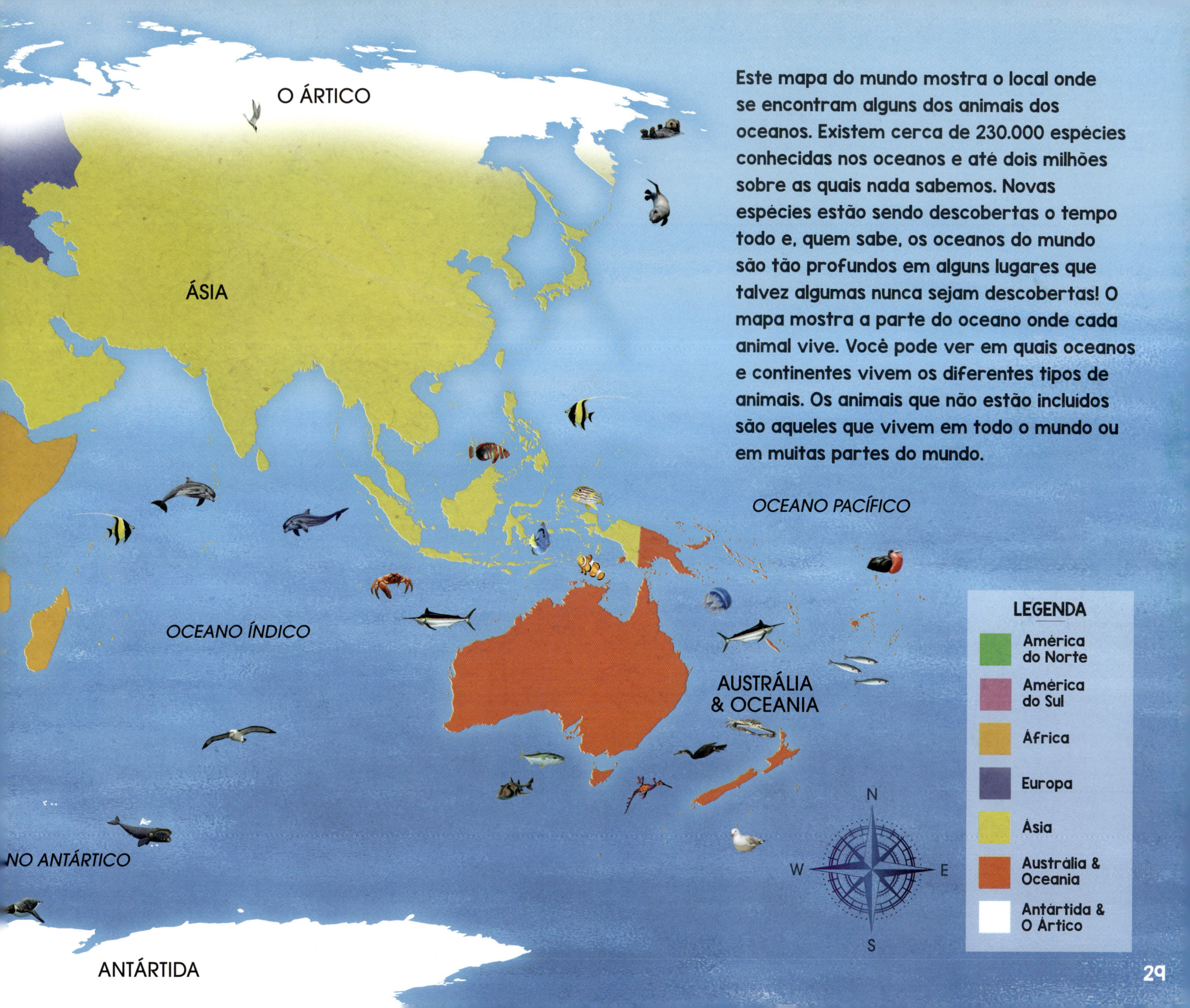

O ÁRTICO

ÁSIA

Este mapa do mundo mostra o local onde se encontram alguns dos animais dos oceanos. Existem cerca de 230.000 espécies conhecidas nos oceanos e até dois milhões sobre as quais nada sabemos. Novas espécies estão sendo descobertas o tempo todo e, quem sabe, os oceanos do mundo são tão profundos em alguns lugares que talvez algumas nunca sejam descobertas! O mapa mostra a parte do oceano onde cada animal vive. Você pode ver em quais oceanos e continentes vivem os diferentes tipos de animais. Os animais que não estão incluídos são aqueles que vivem em todo o mundo ou em muitas partes do mundo.

OCEANO PACÍFICO

OCEANO ÍNDICO

AUSTRÁLIA & OCEANIA

NO ANTÁRTICO

N
W · E
S

LEGENDA

- América do Norte
- América do Sul
- África
- Europa
- Ásia
- Austrália & Oceania
- Antártida & O Ártico

ANTÁRTIDA

Baleias

As **baleias-da-groenlândia** conseguem romper o gelo de quase 20 cm de espessura com seus crânios!

As canções das **baleias-jubarte** podem viajar muitos quilômetros debaixo do oceano.

As presas dos **narvais** machos podem crescer até quase três metros de comprimento!

O **cachalote** tem o maior cérebro que qualquer outro animal.

A **baleia-sei** é encontrada em quase todas as águas do mundo.

As **baleias beluga** podem fazer caretas!

Os baleeiros caçaram as **baleias-franca-austral** quase até a extinção, mas elas estão começando a se recuperar.

As **baleias-bicudas-de-baird** podem mergulhar até 1.200 metros abaixo do nível do mar.

As **baleias-bicudas-de-blainville** macho têm presas que apontam para cima.

As **baleias-bicudas-de-cuvier** passam a maior parte do tempo em águas profundas.

As **baleias-bicudas-de-layard** têm o bico mais longo de todas as baleias-bicudas.

As **baleias-francas-pigmeias** podem ser difíceis de se encontrar, então os cientistas sabem muito pouco sobre elas.

Botos & Golfinhos

Os **golfinhos-riscados** podem saltar mais de seis metros acima da superfície da água!

Os **botos** consomem quase 10% do seu peso corporal todos os dias!

Os **golfinhos-pintados-do-Atlântico** nascem acinzentados e desenvolvem manchas à medida que envelhecem.

Os **golfinhos-nariz-de-garrafa-Indo-Pacífico** fazem amizades duradouras com outros golfinhos em seus grupos (vagens).

As **baleias-piloto** são muito leais e frequentemente seguem os membros de seus grupos em perigo.

Os **botos-de-Dall** podem nadar a até 55 km/hora.

Os avistamentos de **botos-de-Burmeister** são raros, pois foram caçados em números baixos.

Os **golfinhos-de-laterais-brancas-do-pacífico** adoram se aproximar de barcos e realizar saltos e cambalhotas para as pessoas!

Os **golfinhos-cinzentos** são conhecidos por se reunirem em grupos de até 1.000 animais!

Os **golfinhos-nariz-de-garrafa** utilizam algo chamado ecolocalização, fazendo sons de clique para encontrar presas e outros golfinhos.

Ao contrário de outros golfinhos, a **orca** caça outros mamíferos marinhos.

Os **golfinhos-rotadores** podem girar todo o corpo sete vezes em um único salto para fora da água!

Tubarões

O **tubarão-baleia** pode crescer até 12 metros de comprimento e pesar 40 toneladas.

O **tubarão-cinzento-dos-recifes** é curioso, mas pode ser agressivo se você se aproximar dele

Os **tubarões-de-port-jackson** são encontrados nas águas do sul da Austrália.

Os **tubarões-frade** nadam perto da superfície com a boca aberta para pegar plâncton.

Os **tubarões-azuis** migram milhares de quilômetros para procurar comida e encontrar um parceiro.

O **tubarão-mako** consegue nadar a até 100 km/hora.

Os **tubarões-martelo** têm uma cabeça larga que se parece com um martelo.

O **tubarão-tigre** pode crescer até 5,5 metros de comprimento e pesar 900 kg.

Os **tubarões-touro** são uma das espécies de tubarão mais agressivas do mundo.

Um grande **tubarão-branco** consegue sentir o cheiro de uma gota de sangue em 95 litros de água!

Os **tubarões-leopardo** se alimentam de animais como caranguejos e moluscos que vivem em baías lamacentas.

Criaturas das Profundezas

A maior **lula-gigante** já encontrada tinha 18 metros de comprimento!

Uma fêmea do **peixe-dragão-negro** cresce até 35 cm, enquanto um macho cresce até 15 cm.

O **tamboril** do fundo do mar tem uma luz que sai da frente de sua cabeça, que age como uma isca de pesca.

Os olhos de um **peixe-machadinha** apontam para cima para ajudá-lo a ver a presa acima dele.

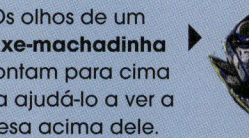

O **peixe-dragão** com dentes projetados para fora da boca, não tem escamas!

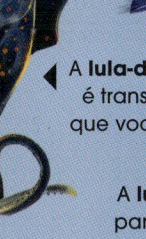

A **lula-de-vidro** do fundo do mar é transparente, o que significa que você pode ver através dela.

A **lula** do fundo do mar nada para trás empurrando a água para fora de seu corpo em forma de bolsa.

O **peixe-ogro** tem os maiores dentes em proporção ao tamanho do corpo de qualquer peixe do oceano!

Os **tubarões-duende** podem colocar a mandíbula três polegadas para fora da boca para pegar a presa.

Criaturas de Águas Costeiras

As **arraias-jamanta** podem saltar até dois metros fora da água.

Os **marlins-pretos** são famosos por seus bicos longos e pontudos

Red Os ovos de **pargo-vermelho** eclodem 24 horas após a postura.

O **atum-patudo** é um peixe grande que costuma ser caçado.

Os **peixes-rei** são muito curiosos; eles são conhecidos por investigar mergulhadores humanos.

A **cavala-azul (ou viscosa)** é encontrada desde a costa até a plataforma continental da Austrália.

Existem ambas as espécies, de água doce e salgada, de **brema-prateada**.

O **encharéu** pode viver por mais de 25 anos.

O **atum-albacora** é um peixe migratório, percorrendo longas distâncias.

O **mahi-mahi** ou **dourado comum** pode pesar até 23 kg.

Criaturas dos Recifes

O **harlequin tusk** tem dentes azuis brilhantes para esmagar a comida.

As **moreias-leopardo** são principalmente noturnas, movendo-se à noite.

Os **sweetlips** orientais podem crescer até 70 cm.

O jovem **peixe-anjo-imperador** se alimenta de parasitas e da pele morta de peixes maiores!

Os **dragões-marinhos-comuns** têm pequenos apêndices semelhantes a folhas para camuflagem.

A toxina no **baiacu** é mortal para os seres humanos.

Os **ídolos-mouros** têm corpos em forma de discos.

O **cirurgião-patela** é um dos peixes mais populares de aquário.

Os **cirurgiões-azuis-claros** podem ser agressivos ao proteger seu território.

Os **cavalos-marinhos** vivem em áreas rasas e protegidas em todo o mundo.

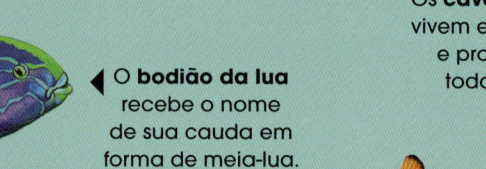

O **bodião da lua** recebe o nome de sua cauda em forma de meia-lua.

O falso **peixe-palhaço-pércula** pode mudar entre macho e fêmea.

As **trutas de coral** são predadoras ferozes e comem seus próprios filhotes!

O **bodião-imperador vermelho** é reconhecível por sua cor vermelha brilhante.

O **peixe-palhaço tomate** pode atingir cerca de 12 cm.

A **tartaruga-verde** é uma das maiores tartarugas marinhas.